Gestión Del Tiempo

Una guía completa para tomar el control de su tiempo y eliminar las distracciones

(Descubra consejos útiles para administrar su tiempo y aumentar la productividad)

Anselmo Echevarria

TABLA DE CONTENIDOS

Cómo presupuestar su tiempo: recortar y priorizar. 12
Administración del tiempo en actividades grupales 32
El qué, por qué y cómo de la delegación.............36
Aumento de la productividad mediante el uso de la matriz de Eisenhower..44
Trucos esenciales..55
Cómo una rutina puede mejorar la gestión del tiempo...63
Normas para la gestión del estrés laboral 79
Consejo de administración del tiempo para los empleados que trabajan en línea..................................95
Manejo del tiempo bajo estrés o sobrecarga laboral 108
Ladrones de tiempo 127
Vencer la postergación al aprender algo nuevo ...135

Antes de llegar a un punto de inflexión, no tenía idea de lo que quería o lo que estaba buscando.

Después de casi cuatro años de completa obsesión, leyendo cientos de libros, experimentando y aprendiendo diferentes tipos de filosofías y ciencias para estudiar el comportamiento humano, y tratando de entender por qué ocurren estas cosas, por qué sentimos falta de motivación, de objetivos y experimentamos estrés y depresión, me di cuenta de que hay patrones de comportamiento que las personas repiten y que estos patrones también se pueden cambiar.

Simplemente mire a su alrededor o pregunte a aquellos que están cerca de usted sobre lo que desean o sus objetivos. Puede estar seguro de que la mayoría de las personas tendrán que considerar sus respuestas, que muchos se reirán, que algunas personas ni siquiera lo notarán y que algunas personas incluso se preguntarán por qué se ha vuelto tan filosófico.

Me quieras creer o no, te voy a decir que esto es un patrón y un proceso de aprendizaje basado en que siempre nos dicen qué hacer, qué comer y cuándo acostarnos cuando son pequeños, y luego hacen lo mismo en preescolar: dormir, dormir la siesta, despertarse, comer, leer, etc.; y así hasta que de repente te dicen que ya eres grande y que tienes que saber lo que quieres, y se nos fríen los sesos. A pesar de la existencia de otros factores, creo que este es el más evidente.

Buenas noticias, eso es.

No es tu culpa; eres víctima de una hipnosis social de la que nadie es inmune, y frente a la cual has sido impotente hasta ahora.

Ahora que comprende la situación, puede solucionarla fácilmente. Haz clic ahora y siéntete mejor sabiendo cómo son las cosas en realidad.

Anteriormente desconocía estos patrones, al igual que muchos de mis clientes que comienzan el curso personal y gradualmente se dan cuenta de que simplemente no prestaron atención o no hicieron las preguntas correctas. En casi todos los casos, comienzan a descubrir cuáles son sus objetivos y qué los motiva.

Debes estar allí para presenciar sus reacciones cuando se den cuenta de que pueden lograr sus objetivos.

En última instancia, depende de usted si puede lograr sus objetivos o si continuará preguntándose por qué no puede tener todo lo que desea en la vida. Porque nadie más puede, con los conocimientos que ahora posees, empezar de a poco ya tu propio ritmo a darte cuenta de que nuestra mentalidad y forma de pensar son un factor decisivo y que incluso se pueden cambiar!!!

Tú eres tu mayor obstáculo para el éxito. Nunca ha habido un mejor momento para lograr tus objetivos, en mi más sincera opinión.

Solo necesita mantenerse alejado de una mala mentalidad si quiere tener éxito.

La segunda causa más común de fracaso es no tener la preparación adecuada.

Por defecto, estamos destinados al fracaso. No hay duda. Se entiende el sistema académico cuando usamos el término "predeterminado". Debo admitir que he trabajado y conozco personalmente a muchas personas, incluidos empresarios, médicos y abogados, y nunca me han pedido mis credenciales.

Mas de más que cualquier otra cosa, quieren saber cómo he logrado avanzar y cómo he podido ayudar a otros a vivir vidas más ricas y felices.

Todos estamos condenados al fracaso, como aprendo con frecuencia de mi propia experiencia. Por ejemplo, debe asistir a la universidad si su sueño es convertirse en médico.

Para llegar ahí, necesitarás estudiar y entrenar por un tiempo.

Ninguno de nosotros, sin embargo, tomó clases para aprender cómo tener éxito, cómo controlar nuestras emociones o que hay muchas formas de desarrollar cualquier proyecto que tengamos en mente.

Lo que nunca aprendemos en la escuela es lo que más importa en la vida. Estamos dispuestos a fallar precisamente por esto.

Todavía recuerdo vívidamente mis últimos años de secundaria, que pasé en una institución privada de gran prestigio donde todos los profesores se jactaban de ser los mejores y los más estrictos, y su forma de demostrarlo era dando los exámenes más desafiantes y poniendo un prima en altas calificaciones.

A la hora de hacer pruebas y exámenes, esto me provocaba mucha ansiedad y estrés. Con frecuencia carecíamos de motivación porque sabíamos que las pruebas serían desafiantes. A pesar de que estudiaste ferozmente y durante horas y horas sobre un tema que ni siquiera disfrutabas, ya se sabía de antemano que no tendrías éxito.

Tengo curiosidad por saber cuál fue la lección principal que estaban tratando de transmitirnos.

Recuerdo haber tenido que cursar muchas otras asignaturas igualmente exigentes y complejas además de Matemáticas (A, B, C, Teórica y Práctica), Física, Química y Biología Teórica y Práctica.

Y ahora que lo pienso, realmente no puedo decir que aprender a cortar aviones en el espacio me haya ayudado mucho a evitar quedar casi varado. Y que era excelente ejecutando planes.

Quizás también deberían haberme enseñado cómo manejar el estrés de los exámenes, cómo manejar los momentos de duda e indecisión con respecto a varios aspectos de la vida diaria, cómo sentirme más a gusto durante las entrevistas, cómo administrar mi tiempo de manera más efectiva o algo más que me ayudaría. me han preparado para la vida que tendría que llevar en el lugar de trabajo dentro de unos años. Entonces comprendí que si bien estaba preparado para trabajar duro y completar una tarea por la que me pagarían, no estaba preparado para la vida.

Al decir esto, no quiero decir que obtener una educación académica sea malo o inútil. No se trata de eso; Solo quiero decir que se olvidaron de enseñarnos otras lecciones y, como resultado, nos educaron para esperar el fracaso y somos incapaces de enfrentar los desafíos de frente sin volvernos ansiosos, preocupados y perfeccionistas.

He tenido muchos mentores en los últimos cuatro años que me han enseñado las cosas que me faltaban, así que aunque trabajo 12 o 14 horas al día, ya no me preocupo en exceso.

A pesar de lo que pueda parecerles a los demás estrés, casi siempre tengo un estado de ánimo estable, nunca me siento estresado y siempre disfruto lo que hago.

Deseo lo mismo para ti.

Mi único objetivo es que entiendas las razones por las que a veces no conseguimos lo que queremos. Una vez que lo hagas, algo "haga clic" en su cabeza y comprenderá por qué no ha logrado obtener lo que quería hasta este momento. Entonces decidirá aprender las lecciones que no fueron cubiertas en la escuela. Las ventajas son incalculablemente valiosas, se lo aseguro.

Debido a esto, a quién buscamos apoyo y asistencia es crucial. No hay mejor maestro que alguien que tiene experiencia de primera mano; es crucial aprenderlas de alguien que ha estado donde usted está y sabe cómo cambiar realmente la situación.

El problema con la vida es que todos nos dicen que vayamos a la escuela, consigamos un trabajo y luego nos encarguemos. Debido a que solo se necesita una mirada rápida a los lados para darse cuenta de la verdad, lamentablemente somos conscientes de que esta realidad es universal y solo se aplica a algunas personas.

La mayoría de las personas no están contentas, no les gusta su trabajo y solo están empleadas para obtener ganancias financieras. Muchas personas se preguntan cómo les sucedió esto y cómo terminaron en esta situación cuando se despiertan por la mañana deseando que fuera sábado.

Me disculpo si soy demasiado honesto, pero quiero que aproveche al máximo este libro electrónico. Tu habilidad para escapar de esta trampa es lo que quiero, y la única forma de hacerlo es que seas consciente de todo lo que te he dicho.

Si alguna vez has visto a un hámster correr en la rueda dentro de su jaula, probablemente hayas notado que simplemente se sube y comienza a correr y girar durante horas hasta que se cansa y se baja. Sigue dando vueltas, sin darse cuenta de que en realidad no ha llegado a ningún lado, y no quiero que esto te pase a ti. Pasa toda su vida haciendo esto hasta que se queda sin energía o motivación. Lo observo todos los días, así que créeme.

Cómo presupuestar su tiempo: recortar y priorizar.

Debería poder hacer más durante el día al tener más energía ahora. No se puede lograr de inmediato. Haga cambios en su rutina gradualmente, de uno en uno.

Luego, administre la energía y el tiempo disponibles. Puede lograrlo eliminando tareas innecesarias o no relacionadas con sus objetivos. Administrar las actividades ya en curso es otra opción.

Comenzaremos con lo último...

Entender los patrones de tu organismo

No puede resistirse al hecho de que su cuerpo experimenta ritmos naturales de energía, con picos y valles, al igual que no puede resistirse a la necesidad de descansar en ocasiones.

Saber cuándo realizar las actividades es una parte clave de la gestión del tiempo y la energía.

Comer causará cansancio y letargo de forma natural. Estará en proceso de digestión, así que no podrá hacer ninguna actividad muy activa. Cuando se siente, su cuerpo toma esto como una oportunidad de descanso, lo que hace que sea más difícil levantarse de nuevo.

Hacer ejercicio justo después de comer dificultará su actividad física.

Después del trabajo llega a casa cansado y algo nervioso, cocina y come antes de descansar en el sofá y sentirse somnoliento. ¿Piensa entrenar de nuevo? ¿Justo antes de acostarse?

Pruebe hacer ejercicio antes de llegar a casa para aprovechar su energía, y luego descanse después de comer. Esta es una forma más eficiente de gestionar su tiempo.

No te sientes en el sofá si quieres ser un poco productivo después de la cena. Senteos a la mesa para facilitar el levantamiento y la limpieza después de comer.

Esto significa que puede realizar lavados más frecuentes en lugar de uno solo, lo que reducirá considerablemente el tiempo dedicado a la tarea.

Igualmente, conozca su tiempo para vencer el sueño. Si quiere ser productivo por la mañana, reconozca el tiempo que necesita para arreglarse. Intente reconocer sus incentivos para ser más efectivo desde entonces. Algunos rinden más con una ducha matutina. Adelante la ducha para despertarse antes y ser más productivo desde temprano.

priorizando

Si alguien me menciona un nuevo programa de entrenamiento que lleva más de dos horas a la semana, suelo preguntarles qué dejarán de hacer para dedicarle tiempo.

A veces me ven como loco, pero tiene mucho sentido. Puede asumirse que está tan activo como puede estar cómodamente en este momento. Si empieza a hacer ejercicio, debe recortar algo para tener más tiempo y energía.

Igualmente aplicable si quieres escribir un libro, emprender un nuevo proyecto paralelo o aprender un idioma. Sí lo quieres hacer, ponlo en primer lugar.

Mi solución es planificar correctamente el tiempo y crear un calendario de actividades. Considere su tiempo de descanso nocturno y prográmelo en su horario. Después, incluya sus demás responsabilidades y actividades que requieren tiempo, como comer, cocinar, desplazarse, pasar tiempo con la familia, visitar amigos, asistir a clases después del trabajo y realizar tareas administrativas importantes.

Busque huecos en su agenda para hacer lo que desee, ya sea escribir, aprender o entrenarse. Para lograrlo, deberá eliminar algunas cosas.

Debe considerar estos planes como compromisos sagrados y concretos para asegurar su éxito.

Si alguien le invitó a salir el sábado y ya tenía planes con otro amigo, simplemente se disculpará y dirá que está ocupado. Aborde sus planes de ejercicio o aprendizaje de idiomas de manera uniforme. En caso de haber planeado hacer algo ese día, discúlpese nuevamente y declare que está ocupado.

Lo que implica que tiene menos tiempo para estar con amigos. Tal vez deba sacrificar algo que desea para cumplir con el límite de tiempo y establecer prioridades.

Pero ¿sabe qué cambiar de verdad? ¡Trabajo!

El trabajo es una compromiso nada atractivo que lleva 8 horas al día y que seguramente no disfrute. Ahora reconoce su impacto en la salud, la familia y las metas futuras. Eso es incorrecto...

El tiempo favorece tu situación.

Saber en qué se emplea realmente el tiempo le ayudará a gestionarlo adecuadamente. Determinar el uso real del tiempo es útil al hacer un seguimiento del mismo. Es como hacer una agenda, pero a la inversa. En vez de planificar, registrar lo realizado en el tiempo. Realizar esto es como saber. Este procedimiento revelará hábitos que podría estar ignorando actualmente.

Algunas personas terminan viendo televisión en lugar de hacer los deberes de matemáticas con regularidad. No estudian para el examen de Psicología, sino que juegan al póquer por Internet. Algunas personas solo cumplen con su horario justo antes de los exámenes finales.

Seguir el tiempo le ayudará a mejorar las prácticas de gestión del tiempo, sin importar sus hábitos.

Tener información exacta sobre la forma en que utiliza su tiempo puede ser útil para el autocontrol. Aquí hay algunas maneras de rastrear su tiempo.

Tómate un instante para hacerlo: te permitirá tomar el mando de tu tiempo y tener una mejor perspectiva.

1. Seguir el tiempo es fácil. Al final de

Escribe una breve nota cada hora acerca de cómo has utilizado el tiempo en esa hora. La nota puede ser breve: una oración bastaría. Si no has seguido tus planes y has hecho otra cosa, solo comenta lo que hiciste en ese tiempo. Así, podrás analizar tus hábitos de uso del tiempo y realizar cambios para aumentar tu eficiencia.

2. Modificar la página de planificación ayuda a algunas personas a seguir el tiempo más fácilmente. Facilita las modificaciones: crea dos columnas en tu papel para cada día de la semana. Escribe tu plan en una columna y registra tus acciones en otra. Comparar las columnas es útil para identificar cómo estás gastando tu tiempo.

3. Una manera útil de lograr resultados en la gestión del tiempo es categorizar el uso del mismo en actividades como dormir, estudiar, trabajar o viajar.

Prepara una hoja con columnas para cada categoría antes de resumir. Esta es una posible hoja de registro para ti:

Estimación Tiempo Realización

Estime el tiempo para cada actividad y colóquelo en la columna "prevista" del resumen. Agrega cualquier categoría adicional útil sin dudarlo. Registre su tiempo hora por hora durante una semana. Resuma su tiempo por categorías diarias al finalizar la semana, sume los valores de los siete días y anote los totales en la fila "real" del resumen.

Resumir su uso del tiempo revela el tiempo asignado a las diversas áreas de su vida. Encontrarás una gran discrepancia entre tus expectativas de tiempo en ciertas tareas y el tiempo real que empleas.

Si nota un desequilibrio en el tiempo dedicado a distintas actividades, consulte el resumen del uso del tiempo para identificar qué actividades recortar y así tener más tiempo disponible para aquellas a las que desee dedicar más tiempo.

Detecte y ajuste los patrones problemáticos de su uso real del tiempo para lograr sus objetivos, sin importar cómo interprete las diferencias entre su tiempo esperado y real.

Aquí hay algo que considerar para aquellos que temen saber en qué gastas tu tiempo, ya que esto puede aumentar la presión temporal que sientes.

Tenemos 168 horas por semana. Estudios y reportes indican que la mitad de las 168 horas- es decir, 84 horas- se dedican a actividades básicas como dormir, comer y lavarse. ¿Cómo se comparan sus cifras? ¿Cómo usará las 84 horas restantes por semana?

Una agenda es esencial en un programa de gestión del tiempo eficaz. Exploremos esto a continuación.

Tu mejor aliado es tu planificador

La organización te permite lograr tus metas en el momento adecuado. Organiza tus tareas para saber cuándo y qué hacer. Todo estudiante necesita un planificador diario.

Es posible que haya usado distintas herramientas de planificación como agendas diarias, semanales o mensuales...

Planificador de vista, etc. La programación no te esclaviza, sino que registra tus decisiones sobre el momento en que sucederán las cosas.

Consejos de manejo del tiempo para los profesionales:

Alguien que malgasta tiempo en el trabajo no es apreciado y tiene dificultades para cumplir plazos. El trabajo siempre se retrasa y recibe críticas de colegas y jefes con frecuencia.

Repasemos algunos consejos de gestión de tiempo para profesionales:

1) Llegué puntual a la oficina. No tome hojas de trabajo con frecuencia. Ser puntual es esencial para una buena gestión del tiempo. No andar de un lado a otro.

Un empleado debe preparar un plan de tareas como primera tarea en la mañana. Redacte las actividades del día según su relevancia y programe su ejecución en los horarios determinados. Se deben priorizar las tareas urgentes antes que las de baja prioridad. Al completar la tarea, marque la casilla. Te sentirás aliviado.

Establezca un horario para realizar llamadas personales, conectarse con amigos en Facebook, publicar en Twitter y comprar boletos de cine para los fines de semana.

4) Manejar eficazmente. Organice y limpie su área de trabajo. Los documentos valiosos deben guardarse en su sitio correspondiente. No almacene archivos y papel en el escritorio. Tira lo que sobre. No use hojas sueltas para escribir, las perderá con seguridad. Coloque todas sus pertenencias personales en un único sitio.

No hagas desorden en tu escritorio. Organiza tus documentos en carpetas diferentes. Borra los archivos y carpetas innecesarios. Administre efectivamente sus correos electrónicos.

6) Utilice un planificador u organizador para planificar eficazmente su día. Un calendario de mesa evita olvidar fechas y reuniones importantes.

Irse antes para las reuniones fuera de la oficina. Prevea tiempo adicional para imprevistos en la carretera.

8) Establece tus propias prioridades. No asuma trabajos que sabe que no podrá completar en el plazo establecido. Un rechazo inicial preservará su reputación posteriormente.

Sea preciso en cuanto a sus metas y objetivos. Se deben comunicar las KRA de un empleado de forma clara. Conozca sus objetivos. Si cree que sus metas no son factibles, comuníquese de inmediato con su supervisor. Planea bien las cosas. La planificación asegura la puntualidad en la finalización de las tareas.

Evite cotillear o merodear en el lugar de trabajo. No le pagan por jugar juegos en la computadora durante las horas de oficina en su trabajo. No trabajes solo por dinero y para satisfacer a tu superior. Trabaja para ti mismo. La dedicación debe ser interna.

Evite largas llamadas personales durante el horario de oficina. Termine su trabajo a tiempo para disfrutar después con amigos y familiares. Para tener éxito a largo plazo, es crucial mantener un balance entre la vida personal y profesional.

Consejos de administración del tiempo para estudiantes:

Los estudiantes deben dominar la habilidad de administrar el tiempo de manera efectiva.

Los estudiantes tienen dificultades para terminar todas sus tareas y esto provoca estrés y frustración.

1) Elaborar un calendario principal:

Cree un horario para que su hijo organice su tiempo de trabajo en las tareas asignadas. Esto ayudará a su hijo a dar prioridad a proyectos y mantenerse en el buen camino para cumplir con las fechas de vencimiento. Asigne un tono distinto a cada actividad para facilitar la comprensión del horario por su hijo.

2) Tenga un planificador:

Facilite a su hijo la visualización de las tareas futuras y anote las fechas límite en una agenda. Programe el horario de uso de televisión y computadora en la agenda de su hijo para evitar distracciones en lugar de trabajar en tareas.

Eliminar cualquier cosa que distraiga:

Los estudiantes pueden distraerse de su trabajo escolar con sus teléfonos celulares, redes sociales y amigos.

Cuando deba comenzar a trabajar, pídale a su hijo que apague su móvil y cierre sus redes sociales. El tiempo dedicado al trabajo escolar debe estar libre de teléfonos celulares y televisión en horario escolar.

Establecer objetivos para cada sesión de estudio:

Asista a su hijo a fijar objetivos concretos diarios, como escribir un número determinado de páginas de un libro o resolver una cantidad específica de problemas matemáticos. La agenda y el horario maestro permiten planear las metas diarias de su hijo para terminar las tareas a tiempo.

5) Empiece temprano en las tareas.

Administrar bien el tiempo implica no posponer las tareas hasta su fecha límite. Revise semanalmente con su hijo las próximas tareas y exámenes y añádalos a su horario y agenda.

Planifica con anticipación para iniciar las tareas mucho antes de la fecha límite, evitando así que tu hijo se estrese y luche por cumplir con los plazos establecidos.

6) Planear el proyecto:

También se puede evitar el pánico de última hora con un plan de proyecto. El exceso de trabajo puede llevar a la procrastinación y a una mala administración del tiempo. Enséñele a su hijo a dividir las tareas en partes con fechas de vencimiento diferentes. Esto incentivará a su hijo a anticiparse y empezar las tareas más temprano.

7) Realizar una tarea a la vez:

La multitarea no es efectiva para aprender, a pesar de que puede parecer que se logra más. Su hijo debe enfocarse en una tarea a la vez. Concentrarse en una tarea mejora su eficiencia y efectividad al completarla.

Estudiar en períodos más breves.

Cada 30 minutos de tarea, anima a tu hijo a tomar un descanso breve de 10-15 minutos para recargar. Perseverar en una tarea por mucho tiempo puede distraer a los estudiantes. Tomar pausas cortas ayuda al cerebro de su hijo a recargarse, permitiéndole regresar con mayor concentración.

Comience en el día temprano:

Anime a su hijo a hacer las tareas temprano. Pídale a su hijo que consulte su agenda y horario para saber lo que debe hacer esa noche y empezar temprano. Empezar más tarde en la noche hace que su hijo tenga menos tiempo y energía, ocasionando retrasos en la hora de dormir, tareas pendientes y estrés adicional para todos.

10) Dormir de 8 a 10 horas.

Es vital que su hijo duerma lo necesario para renovar su energía y afrontar el día siguiente con vitalidad. Establezca un límite de tiempo para la tarea todas las noches y un horario para dormir utilizando su horario general. Este plan asegurará que su hijo tenga suficiente tiempo para relajarse al final del día y dormir adecuadamente.

Administración del tiempo en actividades grupales

Gestionar el tiempo de actividades en grupo puede ser más complicado que hacerlo individualmente. Sin embargo, las estrategias utilizadas siguen siendo las mismas y las personas adicionales pueden generar problemas en ocasiones. Este capítulo sobre la gestión del tiempo para actividades de grupo se enfocará en ajustar las estrategias a las necesidades del grupo.

Es la gestión temporal o de tareas. Puedes utilizar ambas estrategias con actividades de grupo. La gestión de tareas puede resultar más compleja que la gestión del tiempo cuando se trabaja con un gran número de personas en múltiples proyectos.

Sabe más que yo acerca de las dinámicas de grupo que está considerando. Estas sugerencias serán amplias en consecuencia.

Al principio, es crucial reunir y mantener a todos en el camino. Compartir el plan y informar a los asistentes de una reunión es beneficioso, a pesar de la idea común de tener demasiados directivos. Saber los pasos de la reunión ayuda a evitar pensar constantemente en cuándo terminará.

No obstante, hay personas que asisten a las reuniones con agendas fijas. Es crucial asignar horarios para los eventos y reservar el tiempo necesario para escuchar los puntos de vista de los asistentes al final.

Igualmente, frecuentemente resulta provechoso planear los acontecimientos con una intensidad ascendente. Para evitar una reunión caótica de emociones y pensamientos.

Un orden del día sería útil para mantener al equipo enfocado si algunos miembros quieren hablar de la limpieza de la sala de descanso, participación en un torneo benéfico de softball, objetivos de ventas o competición por las mayores ventas, y otro miembro quiere hablar de una nueva idea para aumentar las ventas descubierta gracias a un experimento de campo. Ese orden sería efectivo al enfocarse en temas importantes y aumentar la intensidad.

La gente suele tener problemas en los grupos como falta de concentración, la gente hablando cuando no se debe, tareas incompletas y discusión de temas sin fin. Se puede evitar todo esto con algo de preparación previa. Con los dos componentes que te di, ve y hazlo. ¿Qué puede salir mal?

Así es: anarquía, desorden, ranas lloviendo del cielo. Tal vez no, pero puede mejorar la eficacia en la dirección de actividades de grupo.

El qué, por qué y cómo de la delegación.

No importa cuán duro trabajes, solo tienes 24 horas al día si no duermes. Probablemente tienes tiempo libre durante tu jornada laboral y múltiples tareas por hacer.

Para lograr excelentes resultados en varias tareas, no te limites a trabajar solo, delega. Para hacerlo bien, primero debes comprender su finalidad, importancia y método adecuado.

A pesar de que delegar ahorra tiempo, algunos evitan hacerlo. Evitan delegar tareas por el esfuerzo que puede requerir. Dado su desempeño, es fácil abordarlo.

Si bien podrías redactar con facilidad un folleto acerca del nuevo sistema que ayudaste a crear, se sugiere aprovechar más tu tiempo de trabajo para probar y mejorar dicho sistema. Explicar el proceso a alguien más puede requerir un esfuerzo adicional, pero permitiría que esa persona haga el folleto, mientras tú te dedicas a trabajos más relevantes.

Delegar correctamente es beneficioso, pero no se debe delegar todo. Algunas veces, delegar resulta en beneficios para ti y para personas no relacionadas con la tarea. Antes de delegar una tarea, cuestiona las siguientes.

¿Puede alguien más hacerlo o debo hacerlo yo?

Considera la especialización o nivel de experticia para delegar con éxito.

¿La tarea permite crecer?

Delegar no es solo asignar una tarea a alguien más. Delega tareas y permite que otros aprendan en el ámbito profesional.

¿Puedes encargarte de la delegación?

Antes de delegar, asegúrate de tener tiempo para capacitación, explicación, asistencia, seguimiento y correcciones.

Si planeas delegar tareas, es importante elegir a la persona adecuada. Siempre se debe considerar la experiencia. Delegas tarea para cumplir plazo. Buscas habilidad.

Considera la experiencia, habilidades y actitud del candidato. ¿Puede realizar la tarea? ¿Está interesado en este trabajo? ¿Podrá realizar esta tarea extra dada su carga de trabajo? Estas son algunas preguntas importantes a considerar antes de asignar tareas a un candidato posible.

La paciencia y comprensión son importantes al delegar una tarea, especialmente si toma más tiempo al candidato completarla. No olvides que sigues aprendiendo. Al elegir al candidato adecuado, se volverá confiable y competente en poco tiempo.

Al delegar, es necesario ser claro en la descripción de la tarea y su resultado esperado. Sé explícito acerca de tu implicación en la tarea. ¿Colaborarás o solo supervisarás de vez en cuando? Fija plazos precisos y sé accesible para atender cualquier duda de tu candidato.

No seas demasiado riguroso en cuanto al proceso de trabajo si buscas progreso.

Cada persona necesita sus propios métodos. No importa cómo haga la tarea tu candidato si logra obtener el resultado deseado en el tiempo establecido. Concéntrate en los resultados y confía en tu candidato.

Revisa el progreso periódicamente pero no trates de controlar a tu colega, ya que eso va en contra de la delegación. Si quieres ser un buen minigerente, haz la tarea tú mismo. Dale a tu colega espacio suficiente para respirar y desplegar su arte.

Delegar conlleva responsabilidad, debes comprenderlo. La responsabilidad más grande será tuya. Sé precavido al delegar. Si crees que puedes manejar algo mejor, hazlo tú mismo.

Utilizar la matriz de Eisenhower para priorizar proyectos y tareas en el Capítulo 4.

La Matriz de Eisenhower fue inventada por Dwight D. Eisenhower. Stephen R. popularizó lo que fue iniciado por Eisenhower durante su presidencia. Covey en su exitoso libro 7 Hábitos de la Gente Altamente Efectiva. La Matriz de Eisenhower incrementa la productividad empresarial. Puede ordenar las tareas diarias según su prioridad. No todas las tareas son iguales al trabajar como empresario. Algunas tareas tendrán un resultado significativo, mientras que otras serán casi inútiles. Lamentablemente, ambas tareas requieren tiempo para acabar.

La Matriz de Eisenhower clasifica las tareas en importantes y urgentes para indicar en cuáles debería enfocarse. Comprenda la distinción entre una tarea importante y una tarea urgente para dividir las tareas en dos categorías. Comprenderlo claramente le permitirá priorizar con la Matriz de Eisenhower.

Cuadrante I

La sección uno de la matriz es llamada Cuadrante de Necesidades e incluye tareas importantes y urgentes. Estas son las tareas y actividades urgentes. Plazos de proyectos y emergencias familiares son ejemplos. Estas tareas deben realizarse rápidamente para evitar consecuencias terribles. Puede disminuir el tiempo en el primer cuadrante si dedica más tiempo a tareas y actividades del segundo cuadrante, pero no se puede evitar el tiempo en el primer cuadrante.

Cuadrante II

El Cuadrante de la Calidad es el segundo cuadrante. Las tareas que caen en este cuadrante son aquellas tareas proactivas que mejorarán o le ayudarán a mantener su calidad de vida. Mientras más tiempo dedique a este cuadrante, menos tiempo necesitará para los otros tres. En este cuadrante de la matriz, se encontrarían la planificación de próximos días y la evaluación del desempeño para verificar el cumplimiento de las expectativas. Estas tareas son principalmente de desarrollo personal y no tienen un plazo específico para ser completadas.

Cuadrante III

Tareas urgentes pero no importantes en el tercer cuadrante de la matriz no contribuyen a alcanzar las metas. Maximizar la productividad requiere minimizar o eliminar tantas tareas como se pueda. Estas tareas agotan su energía y pierden su tiempo. Si invierte su tiempo en tareas del llamado Cuadrante del Engaño, se preguntará en qué lo ha gastado sin encontrar una respuesta satisfactoria.

Tareas como contestar llamadas telefónicas no importantes, responder a mensajes no relacionados con el trabajo y chatear en Internet con alguien sobre asuntos triviales caerían dentro de este cuadrante. Aprenda a decir 'no' y delegue tareas para reducir su tiempo en este cuadrante.

Cuadrante IV

El último cuadrante incluye tareas y actividades sin urgencia ni importancia. "Puede postergar o evitar estas tareas ya que no aportan valor a su progreso diario". El Cuadrante de los Desechos es el nombre dado a este cuadrante. Como empresario, es importante ser consciente de cuándo se está trabajando en este cuadrante. El punto de inflexión empieza cuando dedica demasiado tiempo a actividades sin sentido que deberían ser realizadas durante su tiempo libre.

Actividades como ver TV, chismear, navegar en Internet y usar mucho las redes sociales se incluyen en esta área de la matriz.

Aumento de la productividad mediante el uso de la matriz de Eisenhower

Tareas urgentes necesitan su atención ahora, mientras que las importantes apoyan su misión y objetivos. Como empresario, priorice tareas importantes pero no urgentes en el segundo cuadrante de la matriz. A pesar de su simplicidad, la mayoría tiende a priorizar las tareas urgentes de la Matriz de Eisenhower en lugar de las cruciales para lograr sus metas. Esto ocurre frecuentemente al sentir presión para dedicar tiempo y atención a ciertas actividades, descuidando las tareas del segundo cuadrante. Al crear su lista de tareas para el día siguiente, ubique cada elemento en uno de los cuatro cuadrantes de la matriz de Eisenhower. Tareas en el segundo cuadrante son prioritarias y requieren tiempo para lograr metas.

Consejos para gestionar el tiempo laboral

La habilidad para administrar el tiempo es altamente demandada en ofertas laborales.

En marketing y ventas, se requiere esta habilidad para atender a las necesidades del público y ofrecer soluciones duraderas.

En finanzas, es esencial administrar el tiempo de manera efectiva para beneficiarse del movimiento de los mercados bursátiles o anticipar el valor del dinero a largo plazo. Algunas organizaciones pueden exigir su presentación en ciertos puestos para cumplir con regulaciones legales, laborales y fiscales.

Es un tema interesante y beneficioso en la actualidad, como puedes suponer. Demostrar profesionalismo en esta competencia aumenta las posibilidades de crecimiento laboral.

Hoy te presentamos recomendaciones para mejorar la Gestión del Tiempo laboral y aumentar tu productividad.

1. Sé puntual

La puntualidad abarca más que llegar temprano a la entrevista o al trabajo, incluye cumplir con fechas y horas de entrega y solucionar problemas a tiempo en la organización.

Ser puntual significa descansar en el momento adecuado y desempeñar nuestras funciones laborales correctamente.

Las organizaciones son sistemas, recuerda. Cualquier demora en una tarea asignada podría retrasar a los demás miembros de la organización.

2. Sé consciente de tus roles y deberes laborales.

A veces, el empleado sabe de sus funciones por haberlas leído en la oferta, haber tenido un trabajo parecido previamente o por la entrevista. Pero, ese conocimiento poco preciso puede afectar su rendimiento y poner en riesgo su trabajo en la empresa.

Leer el contrato de trabajo y el manual de cargos y tareas ayuda a conocer las funciones en la organización y evitar esa situación. Te sorprenderá saber qué tareas debes realizar, de qué manera y muchos otros aspectos que pueden ayudarte a prestar un mejor servicio como empleado. También sabrás qué habilidades necesitas para ayudar en el crecimiento de la organización con tus conocimientos y destrezas.

3. Únete a los cursos de formación y progreso.

Los programas de capacitación y desarrollo mejoran la satisfacción del personal en la organización. Además, les proporciona las herramientas necesarias para mejorar sus condiciones laborales y calidad de vida.

Aunque tiene ventajas, esas actividades del Dtpo. Los recursos humanos son costosos para la organización. Suelen estar disponibles en empresas consolidadas o grandes. La tecnología ha permitido que se vuelvan más accesibles con el tiempo.

Debes participar en los programas de tu trabajo si están disponibles.

Algunos diseños son específicos para la capacitación en necesidades detectadas, mientras que otros son para todos los empleados. Los temas más frecuentes son habilidades blandas como liderazgo, comunicación efectiva y gestión del tiempo.

4. Aprovecha la tecnología a tu favor

Es necesario utilizar la tecnología en tu trabajo, además de las recomendaciones anteriores.

Cada día utilizamos más dispositivos electrónicos para ser más productivos en nuestras tareas.

Los procesadores de palabras, hojas de cálculo, presentaciones e internet son esenciales en la mayoría de los empleos hoy en día. Necesitas conocimientos tecnológicos avanzados según tu trabajo y posición laboral. Podrías necesitar manejar algunas de esas herramientas:

Plataformas de gestión de contenido (CMS) como WordPress, Blogger, Wix o Weebly.

Plataformas como Facebook o Instagram.

Software de diseño: Photoshop, Illustrator, InDesign y CorelDRAW.

Programas de gestión para nóminas, inventarios, cobros y pagos.

Apps y plataformas para transacciones bancarias seguras.

La tecnología es ahora una necesidad en el reclutamiento y selección de personal, no solo una innovación para algunos trabajos. Es necesario para mantener una ventaja sobre otros competidores.

5. Equilibra tu vida personal y profesional.

Tu vida personal y profesional tienen igual importancia. Debes equilibrar y complementar ambas responsabilidades para obtener satisfacción.

A veces, enfocamos nuestra atención excesivamente en una cosa y, con el tiempo, experimentamos insatisfacción y arrepentimiento.

Necesitas administrar bien tu tiempo para hacer actividades que te ayuden a progresar y te hagan sentir contento en el trabajo y en casa.

FAQs sobre Tiempo en el Trabajo

A estas alturas del capítulo, es posible que tengas dudas acerca de la administración del tiempo en el empleo. Por eso, agregamos una sección de 5 preguntas comunes sobre laboral y competencia a este libro.

¿Quieres saber las preguntas y sus respuestas?

Te invitamos a revisar el contenido a continuación.

1. ¿Cómo mejorar mi rendimiento laboral?

El desempeño laboral varía según el cargo y departamento en la organización.

"Existen estrategias útiles para cualquier empleado que te serán de mucha ayuda si tienes esa meta".

Saber la visión, la misión y los valores de la organización.

Saber claramente cuáles son tus responsabilidades en la empresa.

Utilizar los programas de capacitación y desarrollo mencionados previamente.

Tener fe en tus habilidades y las de tu equipo.

Seleccionar tus KPI y monitorear su progreso regularmente para mejorar tu rendimiento.

2. ¿Cómo puedo mostrar eficacia en la administración de mi tiempo laboral?

Puedes demostrar tus competencias en las funciones específicas de cada cargo. Después de seguir nuestras recomendaciones sobre la gestión del tiempo, podrías asumir más responsabilidades y mostrar tu progreso dentro de la organización.

Continuar tus estudios mientras trabajas demostraría una gestión eficiente del tiempo. Así, puedes expresar todas tus ideas, pensamientos y metas para convertirte en la persona que deseas.

No te preocupes por demostrar esas cualidades en el trabajo, a pesar de lo dicho antes.

Solo cumple tus funciones y recibirás retroalimentación para mejorar la calidad si es necesario.

Si cumples o superas las expectativas, recibirás reconocimiento, bonificación por productividad o ascenso; en contrario, no. Pero todo dependerá de las políticas de cada organización.

Trucos esenciales

A continuación, verás los 13 trucos esenciales para el manejo efectivo del tiempo según expertos.

1. Dedicar tiempo a planificar y organizar.

Pensar y planear son inversiones valiosas de tiempo. Si no planifica, está planeando fallar. Organice de manera lógica para usted. Para agregar color e imágenes, use más espacio en su calendario o libro de planificación. Algunos requieren documentos almacenados; otros recargar su creatividad y energía. Deje de lado los "deberes" y planifique según su preferencia.

2. Los objetivos fijados.

La dirección de su vida depende de sus metas y de cómo invierte su tiempo. El hermano Hunt de Texas dijo que para amasar una fortuna inmensa hay que decidir lo que se quiere. Fije metas que sean concretas, evaluables, factibles y realizables. Los objetivos ideales son retadores, pero no inalcanzables, para que pueda lograrlos sin romperse en el intento. Las metas pueden brindar dirección a las personas creativas.

3. Priorizar.

Aplica la regla de Pareto: el 80% de la recompensa proviene del 20% del esfuerzo. Para priorizar, identifica el 20% más valioso. Priorice tiempo para trabajar en esos elementos identificados y obtener la mayor recompensa. Elija entre color, número o letra (la opción de su preferencia). Etiquetar elementos con fecha tope es una sugerencia adicional para cumplir objetivos importantes.

4. Emplee una agenda de tareas por hacer.

Algunas personas tienen éxito con un diario o lista que escriben al final del día anterior o a primera hora de la mañana. Estas personas pueden integrar una lista de tareas con un calendario. El método que más le convenga. No tema intentar un sistema distinto. Podría encontrar un mejor funcionamiento que el actual.

5. Sea adaptable.

Es necesario permitir interrupciones y distracciones, pero saber manejarlas adecuadamente. Los expertos en gestión de tiempo aconsejan planificar solo el 50% o menos del tiempo disponible de una vez. Al tener disponible el 50% de su tiempo, podrá administrar imprevistos y situaciones de emergencia con flexibilidad. Programar tareas rutinarias es más fácil cuando se espera ser interrumpido. Reserve largos intervalos para sus tareas importantes. Ante interrupciones, pregunte: "¿Qué es lo más importante que puedo hacer ahora?" siguiendo la pregunta de Alan Lakein[9]. Esto puede ayudarlo a regresar a su carrera lo más pronto posible.

6. "Evalúe su hora biológica más óptima".

Es su mejor momento del día. ¿Eres madrugador, trasnochador o rindes mejor en las tardes? Identificar su momento óptimo y programar tareas importantes en esa hora es una estrategia efectiva para administrar su tiempo.

7. Realizar correctamente las tareas.

Peter Drucker[10], el experto en gestión, afirma que es más importante hacer lo correcto que hacer las cosas bien. La eficacia es hacer lo correcto; la eficiencia es hacer las cosas bien. Priorice la efectividad (saber qué hacer) antes de la eficiencia (hacerlo correctamente).

8. Finalice con las tareas que requieren atención inmediata.

"Tareas urgentes: efecto a corto plazo. Tareas importantes: consecuencia a largo plazo, relacionadas con las metas". Reduce las tareas urgentes para tener tiempo para lo prioritario. Destacar elementos en la lista de tareas o asignar fechas límite puede prevenir que se conviertan en urgencias.

9. Practicar la negligencia inteligente.

Suprima de su rutina actividades sin importancia o que no afecten su futuro. ¿Es posible delegar o eliminar esta tarea de su lista de pendientes? Entonces prescinda de ella. Sólo usted es capaz de hacer este trabajo.

10 Busque la excelencia.

En Malasia, solo los dioses pueden crear algo perfecto. Siempre se deja un defecto a propósito al hacer algo para no ofender a los dioses. Ser perfeccionista puede retrasar el progreso al enfocarse en detalles innecesarios, aunque hay ciertas cosas que necesitan estar cerca de la perfección. Sustituya esta palabra por 'excelencia'. Procure siempre la excelencia en sus acciones, no la perfección.

11 Elimine los retrasos.

Se puede utilizar el método del "queso suizo" de Alan Lakein como técnica efectiva. Divide lo que evitas en tareas más pequeñas y enfócate en completar una de ellas. Puede trabajar en la gran tarea por sólo 15 minutos al establecer un temporizador. Avanzando gradualmente, con el suficiente tiempo, se alcanzará el deseo de completar la tarea.

12 Di 'NO' y aprende a hacerlo.

A veces es difícil pronunciar esta palabra corta. Puede ser de ayuda enfocarse en los objetivos. Es fundamental planificar bloques de tiempo, sin embargo, imprevistos y asuntos prioritarios como familia y amigos pueden surgir frecuentemente. Antes, es necesario que tenga la convicción de la importancia de usted y sus prioridades. Decir 'no' parece ser lo más difícil de aprender en esto. "Cuesta menos rechazar cosas triviales en la vida después de comprender su insignificancia".

13 Premiarse a uno mismo.

Es esencial festejar los logros, aunque sean pequeños, para conseguir los objetivos. Establezca una motivación personal por cada tarea o el trabajo completo. Asegúrese de cumplir su promesa y disfrutar de su premio. Le ayudará a equilibrar el trabajo y el juego en su vida.

Cómo una rutina puede mejorar la gestión del tiempo

Crear una rutina y seguirla es clave para mejorar su gestión del tiempo. La importancia de las rutinas radica en que establecen patrones que con el tiempo mejoran la gestión del tiempo y las habilidades. Para planificar una rutina, es necesario dedicar tiempo a hacerlo. Para hacerlo fácilmente, haga una lista de todas las tareas y actividades que hace diariamente. Algunas actividades serán fijas, y otras dependerán de las acciones del día.

Debe ser consciente de sus actividades frecuentes. Algunas personas inician su día con la esperanza de que este les traiga buenas noticias. El día no es insignificante; es su responsabilidad aprovecharlo al máximo. Cree una rutina para gestionar su tiempo de manera más efectiva y ser más productivo/a. Le presentamos algunos métodos para administrar su tiempo mediante una rutina.

Crear un gráfico

Crear y trabajar con un mapa aumenta su disponibilidad de tiempo. Diseñar un plan permite hacer más que no hacerlo. Crear y seguir un plan diario ayudará a estar más preparado mentalmente y a asignar tiempo preciso a tareas específicas.

Para planear el día siguiente, visualice y anote las tareas y actividades necesarias. Así, al despertar al día siguiente, no perderá tiempo reflexionando sobre sus tareas pendientes. Esto le permitirá ahorrar tiempo valioso y empezar el día rápidamente.

Evite las distracciones de las redes sociales.

Hoy en día, la disponibilidad de múltiples plataformas de redes sociales ha aumentado las distracciones sociales. Con numerosas alternativas disponibles, es simple distraerse navegando en las redes en vez de enfocarse en nuestras tareas.

Al crear una rutina, establecer un tiempo límite ayudará a evitar distracciones en las redes sociales hasta que se completen las tareas. Evite la distracción en las redes sociales y otras actividades, para optimizar su gestión del tiempo diario. Use las redes sociales como incentivo al lograr sus objetivos diarios y mantenerse enfocado en su rumbo.

Mantener la concentración

No querrá perder la concentración para no cumplir con su rutina recién creada. Se requiere concentración para hacer realidad su rutina. Al despertar con un plan, es necesario mantener una mentalidad enfocada en el objetivo para evitar distracciones.

Las personas establecen rutinas pero no las siguen, lo que resulta en una pérdida de enfoque y atención al permitir que otras actividades distraigan su atención. Para mejorar la gestión del tiempo y ser productivo como emprendedor, concéntrate y sigue tu plan diario con determinación.

Reestructurarse según el tiempo

Organice su día considerando imprevistos para planificar mejor. La falta de planificación de distracciones e imprevistos en la gestión del tiempo puede llevar a la mayoría de las personas a sentirse abrumadas y procrastinar. Sí puedes cumplir tus actividades diarias si reorganizas tu tiempo adecuadamente.

Establecer una rutina sólida mejora la gestión del tiempo de manera significativa. Una rutina evita la pérdida de tiempo en decisiones y proporciona predictibilidad en las actividades diarias. Al crear una rutina, estos son los posibles beneficios:

Mayores logros

La capacidad de lograr grandes metas en la vida es el principal beneficio de tener un método confiable. Esto es debido a la utilización eficiente y adecuada del tiempo, lo que aumentará las oportunidades de éxito y productividad.

Más tiempo libre

Con una rutina establecida, se puede dedicar tiempo fuera del trabajo a otras actividades en las 24 horas del día. Una buena planificación brinda la oportunidad de realizar actividades divertidas y relajantes, esencial para prevenir el agotamiento. No administre el tiempo para trabajar más, pero use bien el tiempo para hacer más y tener más tiempo libre para actividades que le gusten.

Aumenta la productividad

Los emprendedores más eficientes en la gestión del tiempo suelen experimentar un aumento significativo en su productividad. La rutina puede generar sorprendentes transformaciones.

Una rutina le permite priorizar las tareas críticas al inicio y avanzar de manera gradual hacia las tareas menos importantes al final del día. Trabajar con una rutina aumentará la productividad del emprendedor.

Evita la procrastinación

Crear hábitos ayuda a evitar la procrastinación, que roba tiempo. Al estar habituado a esta metodología, evitará postergar las labores actuales en su cotidianidad. Si supera la procrastinación, tendrá el control del tiempo y alcanzará sus metas. Procrastinar resulta sencillo si no se siente urgencia por lograr algo y no se cuenta con un plan. Hoy, cree un plan y establezca una rutina para desarrollar habilidades sólidas de gestión del tiempo.

Es más disciplinado

El éxito y la disciplina son inseparables, toda persona exitosa es disciplinada y viceversa. Establecer rutinas fomenta la disciplina y la concentración en tareas necesarias en vez de preferencias personales.

No es factible lograrlo viviendo de esa manera, aunque todos anhelan pasar tiempo en la playa disfrutando del sol y el viento fresco. Debe ser disciplinado y comprometido para lograr sus objetivos. Hoy, al crear una rutina, usted se convertirá en alguien más disciplinado y orgulloso de sus logros.

Crear hábitos puede ser difícil al principio, pero una vez establecidos, serán fundamentales para lograr el éxito en su negocio. Mejore sus habilidades de gestión del tiempo mientras se compromete con el proceso de rutina.

DESGLOSA TUS TAREAS

Analizar tareas, desglosarlas y establecer fecha de finalización y duración es el siguiente paso. Comienza con las tareas importantes y urgentes. Imaginemos que debes presentar la nueva campaña de marketing a tu equipo en dos semanas. Podrías desglosarla de esta manera:
• Obtener información: 1 día
• Elaborar el guión para la presentación: 1 hora
• Escribir borrador inicial: 1 día
Solicitar la opinión de un compañero al revisar el borrador: 2 días.
• Mejorar la presentación y complementar con detalles: 1 día
• Preparación de notas y materiales para la presentación: 4 horas
• Preparar la presentación durante 48 horas
• Presentación de duración: 2 horas

Suma total: 9 días laborables y 7 horas. Todavía quedan dos semanas, por lo tanto tenemos suficiente tiempo. Si las tareas duran más, debemos solucionarlo mediante delegación, recorte o reprogramación. En el futuro, explicaremos cómo proceder en estas situaciones.

Desglosar una tarea personal como la reforma de la cocina de tu casa se puede hacer de la siguiente manera:

Búsqueda de ideas de reformas en línea y revistas: 2 días

- Tomar la decisión sobre la reforma a realizar: 2 horas
- Acordar el presupuesto de la reforma con tu pareja: 1 día

Encontrar contratistas disponibles: 1 hora

- Solicitar cotización y tiempo de entrega: 2 horas

Revisar presupuestos y evaluar posible disminución de obra: 1 día

Tomar una decisión final: 2 horas

Seleccionar un contratista previo: 1 hora

- Concretar acuerdo y firmar contrato de reforma: 2 días
Seleccionar materiales: 1 día
Transferencia o depósito a contratista: 1 hora
Supervisar el progreso de la construcción durante 2 horas por semana.
- Aprobar el fin de obra: 1 día
- Cancelar el costo total de la obra: 1 hora

Total: 8 días laborables y 10 horas (2 horas semanales). Añadir la duración de las obras, que está determinada por el contratista y no por nosotros. Si necesita tres meses para hacer las obras desde la contratación, lo agregamos a ese plazo.

Cada tarea se divide en varias tareas más pequeñas, cada una con su propio plazo y fecha final. La tarea tiene una fecha límite de dos semanas para la presentación en el primer caso. Puedes escoger la fecha que mejor te convenga para el segundo, a menos que tengas una urgencia en tu cocina que requiere una reforma inmediata y debas seguir las indicaciones del contratista.

Al desglosar tus tareas, estarás listo para avanzar al siguiente paso.

PLANIFICA TUS TAREAS

Planifica la ejecución de tus tareas para aprovechar al máximo tu tiempo. Tendrás tiempo para leer el libro recomendado, ir al cine o pasar tiempo en el sofá.

Puedes planificar sin límite. Se puede planificar no sólo el día, sino también la semana, el mes, el año y los años venideros. No es recomendable extenderse mucho en el tiempo debido a la incertidumbre del futuro, cambios de opinión y circunstancias externas.

Te sugiero no planificar más allá del trimestre o del año debido a la necesidad de flexibilidad en nuestro calendario. La tarea será más general si se realiza en un futuro lejano y más específica si se hace pronto. Mientras más cerca esté el día de hoy, más definidas deben ser tus tareas para alcanzar tus metas. Considera publicar el libro en dos años, pero no lo planifiques hasta que esté más próximo.

Considera lo siguiente al planificar, ya que es crucial:

Comienza por las tareas críticas: Al programar, es recomendable abordar primero las tareas más relevantes, tal como sucedió durante la planificación. Si priorizamos las tareas menos importantes en nuestra agenda o calendario, no tendremos suficiente espacio para las más importantes. Colocamos las actividades importantes primero (no te olvides de incluir tiempo con la familia o para practicar un hobby) y luego las menos importantes para llenar el tiempo disponible. Si algo queda fuera, deja lo menos importante, no será grave si no lo haces.

Te mostraré visualmente cómo puedes aprovechar al máximo tu tiempo. Voy a usar el símil de Stephen R. para eso. El libro de Covey "El octavo hábito". El siguiente libro de Covey se tituló "Los 7 hábitos de la

gente altamente efectiva" debido al éxito de su primer libro del mismo nombre. Imagina el tiempo como un cubo que debes llenar con piedras en función de su duración (7 días, 24 horas o un mes). Las tareas son esas piedras. Coloca las tareas importantes como piedras grandes en primer lugar. Si agregas piedras más pequeñas, llenarán los espacios vacíos entre las grandes en el cubo aparentemente lleno. Las piedras pequeñas son las tareas menos importantes o más fáciles. Puedes aprovechar los espacios libres en tu horario para realizar actividades de menor importancia como revisar las redes sociales o leer una revista, y agregando tareas cada vez más pequeñas.

Respeta los plazos establecidos para cada tarea o subtarea y evita dedicarle más tiempo para evitar incumplir la "Ley de Parkinson". Por tanto, reflexiona sobre el tiempo preciso para hacer la tarea correctamente. Si dedicas poco tiempo, será una chapuza; si dedicas demasiado, será un desperdicio de tiempo. Asignar más tiempo no mejora la calidad del trabajo. Considera si ser perfeccionista te beneficia, ya que una vez que la tarea esté completa, invertir más tiempo en ella para alcanzar una perfección final puede ser innecesario ya que no agregaría más valor. Eso se llama trabajar eficientemente.

Planifica un día extra en el calendario para cualquier tarea que requiera más tiempo del esperado, por ejemplo, para practicar una presentación durante dos días, planifica tres. Así, estarás listo para situaciones imprevistas, como enfermarte, por ejemplo. Adelanta la fecha de la presentación dos días en tu calendario para tener margen ante tareas o eventos imprevistos. Más adelante analizamos este asunto con más detalle.

No descuides las tareas no obligatorias como descansar, socializar, cenar, comprar, ir al gimnasio o a la clase de yoga. Son esenciales. No subestimes la importancia de pausas, descansos y hobbies para mejorar la eficiencia en tus tareas, ya que aportan mente despejada, relajación, disminución de cansancio y estimulación de creatividad.

Usa el sentido común al planificar actividades y evita elegir momentos en los que no podrás llevarlas a cabo. No programes el envío de documentos del despacho mientras estés fuera de la oficina, para evitar no tener acceso a ellos. Espera a recibir el documento antes de programar la tarea que alguien deba enviar para completarla.

Considera tu reloj biológico y niveles de energía: Realiza las tareas difíciles en tu mejor momento del día y las tareas más fáciles cuando estás cansado o menos alerta. Lo mismo se aplica a tu energía. Si estás cansado, enfermo, mareado o has tenido problemas personales, pospón las tareas que requieran más concentración y aborda primero las más sencillas.

Organiza tus tareas según afinidad y horario: Asigna tiempo para hacer llamadas, responder correos, y archivar; y elige los momentos más apropiados del día para cada tarea. Es recomendable llamar temprano cuando la gente inicia su jornada laboral en lugar de hacerlo tarde cuando están listos para irse. Es preferible encargar trabajos los lunes en lugar de los viernes. Sabes cuándo actuar adecuadamente en tu vida personal.

Revisa el calendario al final del día para verificar si completaste todas tus tareas. De ser diferente, cambia las tareas pendientes al día siguiente.

Normas para la gestión del estrés laboral

Las normas de gestión controlan el estrés en una organización. La gestión deficiente de estas seis áreas clave del diseño del trabajo puede llevar a problemas de salud, baja productividad y más absentismo por enfermedad. Fuentes de estrés incluyen: demandas laborales, control de tareas, apoyo, relaciones, papel y cambio.

Las normas de gestión indican el bienestar y rendimiento óptimo si se cumplen las condiciones necesarias. La evaluación de riesgos, la evaluación de la situación actual y la promoción de una discusión activa son las normas.

PREPARA A TU ORGANIZACIÓN

Reconoce que hay un problema que necesita ser tratado como la primera etapa en su solución. Es crucial conseguir la implicación de los individuos a todos los niveles de la empresa para abordar el estrés laboral mediante la gestión de normativas. Una gestión eficaz de los factores de riesgo de estrés laboral puede mejorar el rendimiento de los empleados y de la organización en general.

Ya puedes iniciar tu evaluación del riesgo de estrés laboral.

PASO 1. Encuentra los factores de estrés en el diseño del trabajo. No tomes decisiones de trabajo por elementos individuales. Una perspectiva amplia considerando factores externos puede llevar al mejor resultado. Al evaluar los riesgos laborales, céntrate en los aspectos organizativos que pueden afectar al grupo y a los trabajadores.

PASO 2. ¿Quiénes pueden resultar dañados y de qué manera? Puedes usar diferentes fuentes de datos para medir el nivel de estrés en el trabajo. Las organizaciones disponen de datos cualitativos y cuantitativos valiosos, cotejarlos permite obtener información relevante para la gestión. Puedes examinar el ausentismo por enfermedad y encontrar soluciones.

PASO 3. ANALIZA RIESGOS Y PROBLEMAS Y GENERA SOLUCIONES. Tras analizar el material previo y llegar a conclusiones, elabora soluciones. En esta ubicación, enfrentarás preocupaciones personales.

PASO 4. Registra tus conclusiones y ejecuta planes de acción elaborados. Implementa el plan aprobado ahora. Debes incluir metas y prioridades en tus planes de acción. Esencial es abordar las preocupaciones del equipo.

PASO 5. MONITOREA Y EVALUA. Vigila y revisa los planes de acción y los califica según su eficacia. "Verifica todas las medidas que tomes ante la sobrecarga laboral". Debes supervisar las acciones realizadas, evaluar su eficacia y determinar los próximos pasos para continuar el progreso.

CONVIVE CON EL ESTRÉS

El estrés se puede originar por múltiples presiones laborales, personales y cotidianas. Algunas personas pueden encontrar los grandes temas de la vida abrumadores y estresantes si son muy exigentes, mientras que la mayoría los encuentra emocionantes y puede hacerles frente.

El trabajo puede ser beneficioso o estresante, dependiendo del diseño. La presión puede ser beneficiosa si la usamos como motivación para alcanzar nuestras metas y mejorar nuestro rendimiento. El exceso de presión produce estrés de forma natural. Puedes manejar el estrés al comprender sus causas y mecanismos. Tu última acción debe ser decidir tomar medidas para abordarlo.

Identificar si el estrés ha evolucionado a un problema de salud mental o si ha empeorado un problema ya existente resulta complicado cuando se está bajo presión laboral. Los síntomas del estrés y problemas de salud mental tienen similitudes, pero varían en gravedad, duración y efectos en tu vida diaria. Los médicos de cabecera diagnostican y tratan a la mayoría de las personas con problemas de salud mental, y muchos de ellos siguen siendo productivos en el trabajo. La evidencia indica que quedarse en el trabajo podría beneficiar a las personas afectadas.

Si sufres estrés, ocúpate de ello cuanto antes. Actuar pronto puede prevenir un empeoramiento de la enfermedad.

La comunicación es vital para la vida humana. Pero puede ser difícil de afrontar en ocasiones. Esto aplica particularmente cuando se trata de comunicar sobre uno mismo.

Nunca es fácil comunicarse con alguien. ¿Cómo expresarse eficientemente? En este capítulo encontrará esto.

Expresarse de forma eficiente lleva a la mejora.

¿Cuántas veces ha dicho algo y no salió como quería? ¿Ha habido veces en las que se ha frustrado por decir algo que no quería decir?

Incluso algunas personas tienen miedo total de expresarse ante los demás. Temen dañar su amistad al expresar sus verdaderas emociones, o las ocultan para poder compartirlas. Para algunos, es una lucha constante. Esto podría abordarse una vez hecho correctamente.

La mayoría de las criaturas en este planeta se comunican de alguna manera. A mayor complejidad en la comunicación, mayor complejidad en la relación. La comunicación humana es considerada la más compleja del mundo. La gente puede expresar distintos sentimientos, ideas e intenciones de diversas formas.

Las palabras pueden dar vida o quitarla, especialmente en las relaciones. Es crucial que aprenda a expresarse adecuadamente. Necesita enfocar sus pensamientos y emociones hacia sus seres queridos. No lograrlo podría afectar negativamente la relación.

Expresarse efectivamente.

Realice mucha lectura

La lectura ayuda a descubrir formas de expresión efectivas. Preste atención al habla, vocabulario, tono, voz y fluidez. "No todos los lectores son líderes, pero todos los líderes son lectores".

"Escriba por sí mismo".

Escriba de diversas formas. Empiezas una novela o escribes cartas distintas. Administre una lechería o un periódico. La escritura debería servir para organizar tus ideas. Brindará orientación y enfoque.

No te preocupes por la opinión de los demás

No es una enfermedad. No se puede adquirir la ansiedad social de alguien que la padece. El miedo provoca un estado emocional espiritual reconocido. Solicitar ayuda de otros nunca es malo.

Solo hay un tipo de miedo: el miedo a lo desconocido. No te preocupes por la opinión ajena. Sinceramente, su mente crearía peores escenarios que los que la mayoría imaginaría.

A veces, eres tu peor enemigo. No pienses mucho, solo fluye y expresa libremente.

Capítulo 5:

Trátate bien a ti mismo.

Sinopsis

Para ser uno mismo, es preciso tener coraje y crecer. - de

Cummings

Trátese bien y vea un cambio positivo en la respuesta de su espíritu, mente y cuerpo. Cambiar pensamientos internos ayuda a reducir estrés y mantener la calma. Muchas personas pueden haber enfrentado estos problemas y, por lo tanto, deberían comprender que iniciar una nueva conversación puede ser difícil.

Tratarte bien

Tratarse a sí mismo correctamente puede ser otro factor importante necesario para lograr el éxito. La práctica es la clave. Asegúrate de amarte y respetarte a ti mismo. Cuando te trates duramente, detente y escoge una respuesta alternativa. Debería aplicarse lo mismo a su plan de cuidado personal incluyendo ejercicio, dieta y otros aspectos. La ejecución amorosa en lugar de autocrítica es esencial para combatir el estrés crónico.

Busque amarse y respetarse, brindándole a su ser emocional, espiritual, físico y mental la debida atención y alimentación necesarias. Si es demasiado desafiante, baje el nivel. Solo observe cómo se trata y habla a sí mismo. Cuando tenga la oportunidad, puede interrumpir el monólogo crítico o mezquino y elegir otra respuesta.

Aquí le ofrecemos consejos prácticos para empezar: Haga una evaluación personal para identificar sus aspectos positivos. El propósito es sustituir los pensamientos o comentarios negativos con mensajes edificantes y positivos. Todas las personas tienen voces en su cabeza. Éstos son los resultados de escuchar a padres, maestros, hermanos mayores o quizás hermanas.

Las voces que te dicen que no eres suficiente. Descubrir estas voces y rastrear sus fuentes puede reducir su poder notablemente. Sustituir críticas por mensajes de apoyo puede tener beneficios para su salud emocional y física.

Aceptar y solicitar ayuda siempre es una buena opción. En momentos de carga pesada, observe a su alrededor para ver aquellos dispuestos a ayudarle con su carga. Esto te hará sentir mejor de lo que crees.

"Observa a quienes te respaldan y socorren".

A veces, los críticos internos pueden ser reforzados por las voces de algunas personas cercanas, empeorando aún más la percepción negativa que se tiene de uno mismo. Cuando otros no brindan su apoyo, es momento de hacer cambios. Todos merecen una red de apoyo emocional que los valore y haga sentir valiosos y mejor consigo mismos.

Consejo de administración del tiempo para los empleados que trabajan en línea

Es posible que no sea la mayoría de los estadounidenses que trabajan fuera de casa.

Trabajar desde casa puede generar problemas en la gestión del tiempo. Trabajar desde casa tiene ventajas, pero las distracciones son comunes.

¿Cómo eliminar distracciones y maximizar ingresos al trabajar desde casa?

Trabaja las horas idénticas diariamente.

Es recomendable establecer un horario de trabajo fijo ya sea trabajando desde casa a tiempo completo o parcial. Horarios variables dificultan el trabajo. Se recomienda trabajar en las horas de mayor rendimiento.

Trabajar desde casa le permite establecer su propio horario, siendo esta una de las libertades que ofrece.

¿Prefiere trabajar de día o de noche? Mejore su productividad seleccionando las horas de trabajo ideales para usted.

Siga su horario de trabajo

Si trabaja a tiempo completo, puede pasar largas horas frente a la computadora. Esto podría limitar su flexibilidad. Al trabajar como comercializador de Internet a tiempo parcial desde casa, puedes establecer tus propias horas de trabajo debido a la menor cantidad de horas requeridas.

Considerar sus actividades diarias es clave al seleccionar sus horas de trabajo. ¿Hace ejercicio en las mañanas? ¿Lleva sus hijos a la escuela diariamente?

Organice su horario para trabajar sin interrupciones en lugar de trabajar en dos sesiones separadas. Esto generará menos distracciones, un trabajo efectivo y mayor productividad.

No atienda el teléfono.

No todos comprenden el concepto de trabajar desde casa. Tal vez piensen que pasa el día viendo televisión en casa.

Sí, estas personas lo saben. Esto puede ocasionar varias llamadas a su hogar durante el horario laboral.

¿Entonces, Qué haces? Evite contestar el teléfono. Ser padre puede hacer esto difícil. Por eso, utilice identificación de llamadas y contestador automático.

Esto posibilita alertas en casos de emergencia. No conteste el teléfono mientras trabaja adentro, de la misma manera que no lo haría si estuviera trabajando fuera de casa.

Evitar distracciones

Para evitar distracciones, identifica qué te distrae primero. Lamentablemente, las interrupciones son habituales al trabajar desde casa. Mientras trabaja en su computadora, puede ver un fregadero lleno de platos sucios.

Cree un horario en vez de interrumpir su trabajo. Destine un lapso diario de una o dos horas para realizar las tareas del hogar.

En cuanto a las distracciones, Internet es vasto. Al trabajar desde su computadora, es simple cambiar de navegar en Internet a comunicarse con amigos.

Evite estos sitios web si es débil para revisar el correo electrónico, leer noticias o visitar foros en línea para socializar. Como acción drástica, temporalmente bloquee su acceso a la computadora.

Su habilidad laboral está ligada a sus ganancias.

Tus ingresos como vendedor de Internet trabajando desde casa dependerán del tiempo y la energía que dediques al trabajo. Este es un beneficio y un obstáculo de trabajar remotamente.

A mayor cantidad de trabajo, mayores ingresos. Pero si se distrae, perderá tanto el tiempo como el dinero.

Recordar que el tiempo es dinero puede motivar.

Trabajar desde casa tiene ventajas, pero no es sencillo. Mejore sus habilidades de gestión del tiempo para aumentar sus ingresos. Con una lista de tareas, un horario o un despertador, es fácil de lograr.

Elaboración de un plan para administrar el tiempo

¿Haces marketing en Internet? La gestión del tiempo es esencial tanto si se trata de promocionar productos, servicios y sitios web de terceros como si se trata de promocionar proyectos personales propios.

Su habilidad para gestionar el tiempo está ligada a sus ingresos. A mayor distribución de enlaces e interés generado, debería haber un aumento de ingresos.

Para ser un comercializador de Internet exitoso y rentable, es esencial que gestiones tu tiempo diario de manera efectiva. Considera mejorar tu administración del tiempo.

Siga leyendo para aprender 6 pasos simples para comenzar, si es el caso.

Idea genial

No salte al trabajo directamente para evitar errores. Tome el tiempo para intercambiar ideas y hacer una lista de tareas de marketing en línea en su reemplazo. Elige tus actividades diarias.

¿Cuál es su plan de marketing actual? ¿Deseas mejorar tu sitio web o blog? ¿Deseas enviarlo a directorios de artículos? ¿Desea adquirir publicidad en páginas web similares? En ese caso, escriba estos elementos en una hoja de papel.

priorizar

No ha terminado después de hacer una lluvia de ideas sobre sus tareas diarias. Luego, puedes elaborar una lista de tareas o un plan detallado. Para comenzar, priorice. Al trabajar por cuenta propia, se goza de mayor libertad que al trabajar para un cliente.

Empiece con estrategias de marketing en línea probadas. Al haber menos riesgo, su esfuerzo y dedicación deberían ser recompensados. Enviar artículos a directorios es más seguro que usar Twitter para generar clics en un sitio web.

Definir plazos

Puede elaborar un horario detallado, como se mencionó previamente. Al hacerlo, bloquee su tiempo. 1620hrs, por ejemplo. METRO. Un 10 a. METRO. Es posible redactar y enviar un artículo a EzineArticles.com. Esto permite una hora para la tarea. Sí, presión y límite temporal motivan.

Al crear una programación detallada, asigna bloques de tiempo específicos. Aunque no lo aplique, fije un plazo. Establezca un plazo para cada tarea antes de iniciarla.

Mantente organizado

Los desorganizados suelen malgastar el tiempo. Los malos gestores del tiempo suelen ser desorganizados. Organice su tiempo para mejorarlo. Trabaje en un entorno profesional y limpio, aunque solo use su portátil en la mesa de la cocina.

Sepa cuándo subcontratar

No se prefiere la subcontratación en el marketing en línea debido a su costo. Eventualmente puede quedarse rezagado o abrumado.

Es tiempo de subcontratar. Los proyectos subcontratados no precisan ser de gran magnitud. Incluso con solo un escritor contratado para redactar su artículo, obtendrá la ayuda de marketing necesaria.

No desperdicies tu tiempo.

Internet es la mayor pérdida de tiempo para un comercializador en línea. Sí, es irónico pero verdadero. Existen múltiples opciones de actividades en línea y en la computadora. Es fácil perder el tiempo al distraerse. Establezca reglas para usted.

No utilice su correo electrónico personal, mensajería instantánea, juegos de computadora o sitios web aleatorios durante el trabajo. Internet es divertido, pero no cuando hay trabajo.

Manejo del tiempo bajo estrés o sobrecarga laboral

Administrar el tiempo de forma eficaz puede ser difícil cuando se está estresado o se tiene una carga laboral pesada. Pero puedes manejar mejor estas situaciones y gestionar tu tiempo eficazmente si haces algunas cosas.

Consejos para manejar el tiempo en estrés laboral o sobrecarga:

Encuentra las causas del estrés: Identifica lo que te estresa o sobrecarga. Puede deberse a tener muchas responsabilidades, falta de tiempo o exceso de presión académica. Identifica las causas de estrés y toma medidas para abordarlas.

Identifica y completa primero las tareas prioritarias. Puedes emplear métodos de priorización como "ABC" o "SMART" para facilitar el proceso.

Usa herramientas de gestión de tiempo disponibles. Trello, Evernote y Todoist son opciones populares.

Encouraja los hábitos de trabajo efectivos: te permitirán ser más productivo y alcanzar tus metas con mayor eficiencia. Fomentar hábitos de trabajo efectivos: Establecer horario, usar lista de tareas, eliminar distracciones.

Toma descansos frecuentes: Evita fatigarte y distraerte mientras trabajas haciendo descansos frecuentes. Usa la técnica Pomodoro: trabaja 25 minutos y descansa 5. Puedes usar un reloj o una app para seguir esta técnica. Es vital descansar por períodos más extensos para renovar la energía.

No dudes en pedir ayuda si te sientes sobrecargado o si tienes problemas para administrar tu tiempo. Pide ayuda y apoyo a tus profesores, amigos o familiares. Puedes contratar un tutor o unirte a un grupo de estudio para recibir ayuda con tus tareas y responsabilidades académicas.

Usa métodos de relajación para controlar el estrés y tranquilizarte durante momentos de agobio. Meditación, respiración profunda y yoga son opciones populares.

Habla con tus profesores si necesitas ayuda con el trabajo o la gestión del tiempo. Pueden ayudarte a dividir el trabajo eficazmente o a mejorar tu gestión del tiempo.

Duerme lo necesario: Tu cuerpo y mente necesitan descansar y recargar energías, por lo que es importante dormir lo suficiente. Duerme de 7 a 8 horas cada noche para mantener una buena salud mental y física.

Ejercítate: Reduce el estrés y mejora tu bienestar con el ejercicio. Intenta ejercitarte habitualmente, aunque sea por breves minutos diarios.

Admite tus límites: A veces, no se pueden cumplir todas las tareas necesarias. Aprende a decir "no" a tareas innecesarias o no prioritarias.

Pide ayuda: Si estás agobiado por el estrés o la carga laboral, solicita asistencia sin vacilar. Habla con amigos, familiares o un terapeuta para recibir ayuda y apoyo. Puedes unirte a un grupo de apoyo o club para conectarte con personas en situaciones similares.

Aprende a decir "no": es crucial para rechazar compromisos innecesarios o no prioritarios. Esto te ayudará a manejar tu tiempo de forma más efectiva y prevenir la sobrecarga de trabajo.

Establece límites en tu tiempo y energía para prevenir la fatiga y estrés. Esto implica rechazar compromisos irrelevantes o no prioritarios y poner límites en el uso de redes sociales o en el tiempo de ocio.

Puedes manejar el estrés y reducir carga de trabajo con técnicas especializadas. Puedes optar por meditar, respirar profundamente, hacer ejercicio o hablar con un terapeuta o amigo de confianza.

Delega responsabilidades para reducir carga: Asígnale algunas tareas a otros para aliviar tu carga si estás abrumado con demasiadas responsabilidades. Esto te ayudará a manejar tu tiempo de forma más eficiente y reducir la carga de trabajo.

Formas de hacer participar a los padres en la organización del horario de los estudiantes de secundaria.

Los padres pueden brindar soporte y orientación efectiva para la gestión del tiempo de los estudiantes de secundaria, por lo que es importante involucrarlos en este proceso. El respaldo parental es importante para incentivar hábitos laborales eficaces y equilibrar los estudios y la vida personal del estudiante.

Consejos para involucrar a los padres en la gestión del tiempo de estudiantes de secundaria:

Comparte información con tus padres para recibir su apoyo y gestionar tu tiempo de manera efectiva en tus tareas, responsabilidades y metas académicas.

Establece un horario de estudio y de tareas en colaboración con tus padres para gestionar tu tiempo eficientemente. No te olvides de dedicar tiempo para descansar y hacer tus propias actividades.

Crea un espacio de estudio con tus padres para mantenerte enfocado y administrar tu tiempo de manera efectiva.

Trabaja con tus padres para fijar objetivos académicos y personales, y utiliza herramientas de gestión del tiempo como Trello o Todoist para alcanzarlos.

Comunica tus dificultades: Si estás lidiando con el manejo de tiempo o te sientes abrumado en el trabajo, habla con tus padres sin temor para discutir esos problemas. Pueden ayudarte a hallar soluciones y buscar apoyo extra si lo necesitas.

Los padres son un recurso valioso para ayudar a los estudiantes de secundaria a administrar su tiempo de forma efectiva, por lo tanto, es esencial involucrarlos en su gestión. Los padres pueden ser importantes para inculcar hábitos de trabajo efectivos y equilibrar el estudio y la vida personal de los estudiantes.

Consejos para involucrar a padres en gestionar el tiempo de estudiantes de secundaria:

Comparte información con tus padres para obtener su apoyo y mejorar tu gestión del tiempo académico.

Crea un horario: Coordina con tus padres para crear un horario para tus estudios y tareas que te ayude a administrar tu tiempo eficazmente. No te olvides de reservar tiempo para descansar y hacer tus propias actividades.

Colabora con tus padres para crear un lugar de estudio adecuado y organizado para mantenerte enfocado y gestionar tu tiempo de manera efectiva.

Trabaja con tus padres para establecer metas académicas y personales y utiliza herramientas de gestión del tiempo para alcanzarlas.

Comunica tus dificultades a tus padres si tienes problemas de gestión del tiempo o sientes que el trabajo te agobia. Pueden asistirte hallando soluciones y obtener respaldo adicional si fuera preciso.

Principios de productividad máxima

#1. Toda persona puede ser altamente productiva.

Cualquier individuo puede ser muy productivo: ese es el principio fundamental. Sí, incluso aquellos que se autodenominan como improductivos, desorganizados, un desastre y creen que su vida es un caos. Esas personas pueden ser muy eficientes.

El cerebro tiene neuroplasticidad, según un descubrimiento reciente.

Podemos cambiar y aprender cualquier cosa que queramos. No podemos usar nuestra naturaleza como una excusa para no cambiar. Normalmente, usamos la expresión "soy..." para describirnos a nosotros mismos, lo cual hace difícil cambiar esa mentalidad. Pero podemos cambiar.

Debemos invertir nuestro tiempo y energía para lograr un cambio. Con sistemas y herramientas adecuados, cualquier persona puede ser muy productiva, sin importar su situación social, económica, física o mental.

Los resultados de una actividad en el corto y largo plazo suelen ser contrarios.

Nuestros resultados a corto y largo plazo son distintos y opuestos, siendo este hecho visible en la comida. Este es el segundo principio a tener en cuenta. Mi mentor dio este ejemplo que es válido para entender todo desde el principio.

Comer comida chatarra como hamburguesas, pizzas y perros calientes nos produce un placer momentáneo en términos gustativos y emocionales.

Pero si comemos eso diariamente, es probable que ganemos mucho peso, perdamos nuestra salud y tengamos múltiples problemas médicos. La comida puede ser deliciosa en el momento pero a largo plazo puede causar enfermedades y problemas de salud.

El brócoli crudo, aunque sea rico en vitaminas y proteínas, suele ser desagradable al paladar y no suele ser un alimento delicioso que nos haga desear comerlo para el desayuno, almuerzo o cena.

Imagina los efectos a largo plazo en tu salud si consumes brócoli regularmente. ¿Cómo lograr una salud excepcional con los nutrientes necesarios para tener la energía y enfoque para construir lo que deseas, día tras día?

Comprendes el mismo principio con exactitud. No me gusta el brócoli, por lo tanto el resultado es negativo. No me resulta sabroso al tacto o al gusto. No obstante, a largo plazo tendré resultados muy positivos.

No esperes que las cosas importantes de tu vida te busquen. La mayoría de personas solo enfrenta problemas graves en su relación con la familia cuando está a punto de divorciarse o experimentar un problema extremo. Algunos descuidan a sus parejas al invertir más tiempo en su trabajo que en su relación matrimonial.

El matrimonio no trata de contactar a la persona por medio de mensajes de texto, emails, WhatsApp o cualquier otra manera. Tampoco interrumpe y no advierte a la persona sobre la situación de su relación. Cuando algo empieza a interrumpir nuestra vida, se vuelve urgente y la pareja puede decir simplemente que quiere el divorcio.

No fue algo que sucedió de la noche a la mañana, aunque pareciera. ¿Por qué? Las cosas importantes en tu vida no se presentarán por sí solas, necesitas buscarlas activamente para alcanzar el éxito y lograr tus objetivos.

¿Qué es urgente e interrumpe?

Las prioridades urgentes frente a las no importantes. Es paradójico, pero al aplicarlo en nuestra vida, logramos controlar nuestra búsqueda voluntaria de lo que es.

Vital para cada individuo. Siendo continuo, interrumpe lo urgente aunque no sea importante mientras trabajas en algo importante.

Una llamada de un colega solicitando que arregles la presentación, atiendas a un nuevo cliente, hagas algo específico o pidan tu opinión sobre algo.

Esto nos está interrumpiendo. Constantemente interrumpen cosas menos importantes. Publicaciones en Facebook de un amigo: una foto, un video gracioso de gatos y un comentario chistoso en una foto de amigos.

Este es un principio muy importante. No importa lo esencial para tu vida, no te buscará. Debes buscarlo activamente y perseguirlo. Pero lo que te distrae continuamente son los asuntos urgentes y triviales.

Equilibrar estructura y espontaneidad para seguir el flujo.

El equilibrio entre la estructura/organización y la espontaneidad/fluidez es el tercer principio. Según uno de mis mentores, hay dos tipos de personas en el mundo. "Una es estructuralista y la otra es un espíritu libre".

En general, los hombres suelen ser estructurales y las mujeres suelen tener un enfoque más libre y creativo, especialmente en profesiones como la ingeniería, la arquitectura y las ciencias.

Soy estructurado y mi esposa es un espíritu libre. A algunos les agrada la improvisación, la originalidad, la ausencia de planificación y sentirse libres, en contraposición a la percepción de estar limitados cuando tienen un itinerario o una obligación.

Necesitamos analizarlo y concienciarlo. ¿Cómo somos como personas? Soy extremadamente estructuralista en mi forma de pensar. A menudo voy al extremo, confirmado por mi esposa, amigos, colegas y familiares. Es importante ceder a veces y considerar el punto de vista de los demás.

Si soy estructuralista, no dejarme llevar por el momento y seguir una planeación previa. Es muy difícil, pero proporcionará un gran equilibrio.

Esta es la paradoja del tema. Si eres demasiado estructurado y te enfocas solo en la organización y cumplimiento de tareas, es posible que no disfrutes lo que haces.

¿Por qué? La rigidez de la estructura hace que no se disfrute y parezcamos robots para los demás. Sin embargo, no nos tomamos el tiempo para disfrutar.

Esos son los aspectos negativos de ser un estructuralista.

La desventaja de ser un espíritu libre es que resulta difícil organizarse y llevar a cabo las actividades que se desean. ¿Por qué? A veces tienen deseos pero no es oportuno.

No sienten el flujo emocional adecuado para llevar a cabo esa tarea en particular y prefieren optar por otras opciones en su lugar.

Si identificamos nuestras características personales en estos dos tipos, entonces conoceremos nuestra verdadera identidad y solo tenemos que equilibrarlas.

Si eres estructuralista, permite que el flujo y la espontaneidad guíen tus decisiones en algunas ocasiones, junto con la creatividad del momento.

Si eres un espíritu libre, prueba agregar más estructura a tu vida con un calendario, una agenda y una lista de objetivos.

Maximizamos nuestra productividad al equilibrar estos dos aspectos de nuestra vida.

Ladrones de tiempo

Están en libertad. Todos son víctimas de estos ladrones de tiempo en mayor o menor medida. En realidad, estos ladrones de tiempo son una parte común de la vida diaria de las personas.

TV y Radio

¿Quién no miraría su programa de TV preferido? Si quiere ahorrar tiempo, apague. Controlar el impulso es difícil, pero ver la televisión puede llevarte a engancharte en ella. Una decisión inicial de una hora puede terminar siendo una adicción de 4 horas. Limite su tiempo de ver televisión con firmeza. Mejor aún, cierre los ojos.

Es igual para la radio. Prefer música clásica si la escucha. Activa el cerebro y es un uso más eficiente de su tiempo.

teléfono

El teléfono es un ahorro de tiempo si se utiliza de forma adecuada. Llame en vez de enviar correo para obtener respuestas inmediatas. Hablar es más rápido que escribir, salvo en situaciones en las que se requiere una lista detallada, donde el correo electrónico u otro método puede ser más recomendable.

Puede ahorrar tiempo en llamadas telefónicas informando al interlocutor que tiene compromisos urgentes y se pondrá en contacto en breve.

¿Conoces otra razón por la que los teléfonos te hacen perder mucho tiempo? Hablar requiere el uso de las manos, dificultando la realización de otras tareas. Si es posible, compre un kit de manos libres. Permitirá hacer otras actividades mientras conversa al liberar ambas manos.

Hacer fila

Las largas filas ponen su paciencia a prueba como nada más. Evite lugares concurridos, si es posible. Si es inevitable, opte por un horario de menor concurrencia. Vaya al supermercado en días de semana como ejemplo. No compre los fines de semana y días de pago. Si puede, compre en línea o por teléfono aunque cueste más. Valorando el tiempo tanto como el oro, el ahorro de

tiempo resultante es más valioso que cualquier gasto adicional. Si debe esperar en línea sin otra opción, no se queje para no perder tiempo. Realice actividades provechosas como leer, escuchar material educativo o escribir sus planes futuros en su libreta.
Tráfico terrorífico
Es un momento estresante cuando se llega tarde a una cita importante. Evite las horas de mayor tráfico. Anticipe el tráfico para estimar su tiempo de llegada. Caminar es recomendable si el destino no está lejos: evita tráfico, ahorra dinero/gasolina y mejora la salud.
Complicaciones
La complejidad de la vida aumenta constantemente. Tenemos varias opciones del mismo producto disponibles. Nos están llegando muchas solicitudes y documentos para procesar. Tenemos muchas tareas en un día. Simplifique su vida para resolver el dilema.
No presente demasiadas opciones. La venta de productos con muchas

opciones confunde a la gente. Se invierte mucho tiempo en elegir la mejor opción. Reduzca la cantidad de papeles que guarda. Adquirir soluciones de programación o comercio electrónico que disminuyan el uso de papel es una buena decisión si está dentro de su presupuesto.

Antes de realizar una actividad, tómese una pausa y piense en cómo puede hacerla de manera más eficiente en el futuro. Por ejemplo, al comprar una tarjeta de cumpleaños para un amigo. Considere comprar varias tarjetas de cumpleaños de una vez para evitar tener que ir a la tienda cada vez que haya un evento de cumpleaños.

Correos electrónicos

Los correos han economizado tiempo y dinero a muchos. Cada vez más personas prefieren el correo electrónico por ser más rápido, económico y cómodo que el correo tradicional.

No obstante, el correo electrónico tiene ciertas desventajas como medio de comunicación. Revisar constantemente el correo electrónico reduce la productividad de muchas personas. Son adictos a los correos y pierden horas leyendo y respondiendo, incluso a spam. Hablar de correos no deseados y organizarlos puede ser una tarea muy larga.

Aquí hay algunos consejos para crear correos electrónicos y mejorar la gestión del tiempo.

Revise su correo electrónico dos veces al día como máximo. Limite el tiempo que dedica a leer correos electrónicos si desea realizar múltiples tareas. Revise su correo temprano en la mañana y antes de finalizar su trabajo para abordar asuntos urgentes y últimas preocupaciones, respectivamente.

Configure plantillas o una página de preguntas frecuentes. Diferentes individuos pueden repetir las mismas preguntas sobre cómo operar un producto, descargar un recurso o unirse al programa de afiliados, por ejemplo. Repetir respuestas lleva mucho tiempo. Es recomendable crear plantillas de preguntas y respuestas para copiar y pegar la respuesta correspondiente cada vez que se hagan esas preguntas específicas. Otra opción es establecer una sección de "Preguntas frecuentes" donde se pueda remitir a las personas cuando tengan una de esas preguntas. Solo se le enviarán correos si aún tiene preguntas sin respuesta en la sección de preguntas frecuentes.

3. Responda brevemente. Conteste a sus emails de manera concisa y directa. No complique la explicación. No conteste a spam o correos basura.

4. Tome el teléfono. Llama en lugar de responder correos para ahorrar tiempo. Conseguirá respuestas rápidas y ahorrará tiempo. Y, obviamente, el valor del toque personal es inestimable.

5. Elimina el spam. Hay una gran cantidad de spam en la actualidad. Pueden ser tanto una pérdida de tiempo como irritantes. No comparta su dirección de correo sin precaución para evitar el spam. Se recomienda tener un correo electrónico privado compartido solo con personas de confianza. Emplee una dirección de correo electrónico con un nombre más sofisticado si es posible.

Como ejemplo, mark_jones27543@yahoo.com en vez de mark_jones@yahoo.com. Reemplaza el símbolo @ con la palabra "arroba" al insertar tu correo electrónico en sitios web o mensajes. Ejemplo: Escribe mark_jones arroba yahoo.com en lugar de mark_jones@yahoo.com.

Asegúrese de que su correo llegue. Su correo electrónico puede ser marcado como spam accidentalmente, lo que resultaría en la pérdida del tiempo invertido en escribirlo. Para evitar esto, elija sus palabras con cuidado. No use palabras o frases que activan los filtros de spam. Evite usar palabras como: libre, dinero, sexo, increíble oferta, limitada, desnuda, oportunidad, deuda, préstamos, lotería, retirarse, urgente.

Otros ladrones

Dependiendo de cada situación, hay varios ladrones de tiempo adicionales. Algunos ejemplos son esperar en el centro comercial por su cónyuge y cometer errores en formularios o solicitudes. Piense en posibles soluciones utilizando su mente. En caso de verse inmerso en problemas, conviértalos en una oportunidad de aprendizaje leyendo un libro o escuchando cintas educativas.

Vencer la postergación al aprender algo nuevo

Si quiere aprender algo nuevo, evite la procrastinación y aprenda cómo hacerlo.

Establezca sus prioridades

Para vencer la tendencia a posponer y aprender una nueva habilidad, debe enfocar su mente en el objetivo y estar listo/a para tomar acción. Planear y actuar con una mentalidad positiva ayuda a evitar el hábito de postergar en el futuro. No piense en fallar, haga el trabajo con una planificación y priorización adecuadas.

Procrastinadores necesitan un plan, ya que tienden a abordar nuevas tareas sin planificar. Puede ser emocionante e inspirarlo a intentarlo por unos días, pero la emoción no perdura. Es posible que lo deje pronto; es complicado.

No lo inicie hasta haber terminado sus prioridades.

Sepárelo en labores más manejables.

Es valioso usar lo anterior para hacer la lista, ya que se conocen las prioridades en todo momento. Están justo ahí, en su lista de cosas por lograr.

Dése una recompensa por aprender algo nuevo o asumir una nueva asignación. Es un gran paso en sí mismo. Pero evite la procrastinación para no sentirse abrumado por tareas nuevas. Divida y examine en pequeñas tareas todo lo que está aprendiendo.

Debe incluir la nueva habilidad en su lista de tareas. No escriba algo como 'aprender a tocar la flauta'. Desglose en tareas simples y realizables. Como alternativa, leer un artículo sobre cómo comprar una flauta de principiante puede marcar el comienzo de su aprendizaje en cuanto a tocar este instrumento musical. Después de dominar este paso en una escala pequeña, simplemente liste "comprar una flauta" como su objetivo y estará listo para tener éxito con confianza.

Después de comprar la flauta, busca un profesor de flauta en internet, periódicos o la escuela. Es importante seguir un plan para evitar estrés o abrumarse. Lo crucial es no posponer y conocer su ubicación y método para alcanzar la meta.

El aprendizaje de una nueva habilidad requiere tiempo y paciencia, de igual manera que Roma no se edificó en un solo día. Combata la procrastinación y utilice su lista de tareas para tener el control y completar el trabajo.

Vencer la postergación y enfocarse en redactar un artículo

Muchos procrastinan al escribir trabajos para clases. Si no es bueno haciéndolo, probablemente lo posponga hasta la última noche, intentando terminarlo sin dormir frente a la computadora. Esto resultará en un trabajo de investigación deficiente y la necesidad de bebidas energéticas o café que el cuerpo realmente requerirá.

Dar prioridad como cualquier otra tarea.

Si prioriza un trabajo de investigación en su lista de tareas, será fácil de completar como cualquier otra tarea. Es probable que deba dividir un trabajo de investigación en secciones. Hacer la investigación y escribir el documento requieren el mismo tiempo. Si empieza a añadir las piezas pequeñas a su lista, se sentirá menos estresado y apresurado, y completará su trabajo con éxito.

Calcule el tiempo necesario para cada sección después de planificar su investigación y redacción. El siguiente paso es llevar a cabo cada tarea de forma concreta.

Haga un bosquejo

Para una investigación efectiva, empiece con una descripción de su tema y los puntos principales antes de escribir de manera dramática. Considera tu plan diario como una lista de instrucciones a seguir, ya que eso es lo que realmente es. Liste los ingredientes y complete las secciones restantes de la escritura, luego combine todo para obtener el producto final.

Establezca metas factibles

Para completar trabajos de investigación extensos, establezca una meta diaria para terminar cierta cantidad de páginas, ya que generalmente suelen ser alrededor de 10 o más páginas. Si el papel debe estar listo en una semana, asignar un día o dos para corregirlo después de establecer una meta diaria de dos páginas. Así, tendrás suficiente tiempo, evitarás el estrés y cumplirás con la fecha límite al investigar, corregir, escribir y terminar tu trabajo adecuadamente.

Escriba donde corresponde.

Distribuir su tiempo y horario para redactar su trabajo es solo una faceta del deber. Si el subconsciente prevé un lugar silencioso para escribir, no estaremos conscientes en cumplir la tarea. Si encuentra un lugar sereno y atractivo para enfoque en su labor, estará preparado para realizarla sin problema.

No busque la perfección

No busque la perfección. Los procrastinadores a menudo buscan la perfección en su primer intento. No existe tal cosa como una persona perfecta, como mencionamos anteriormente. Debe hacer el trabajo con todo su empeño para acercarse lo más posible a la perfección.

Si completa la tarea a tiempo y sigue su plan, ha tenido éxito y debe felicitarse por hacer el trabajo.

¿Y si no me agrada el resultado final?

Algunos dudan si su última versión es óptima. Suelen examinarlo minuciosamente y leerlo repetidamente varias veces. Esto puede ser insalubre y llevar a la locura. Una vez escrito el primer proyecto importante, dedique tiempo a corregirlo y revise con una mirada fresca preferiblemente durante la noche. Así, evitará cambios frecuentes y podrá corregir de manera efectiva sin riesgo de errores.

Al redactar un término o trabajo de investigación, considérelo igual que cualquier otra tarea en su lista. Divide la tarea en secciones manejables y reserva tiempo para pruebas y edición. Siguiendo estas sugerencias, obtendrá un papel A en poco tiempo y con mínimo estrés.

www.ingramcontent.com/pod-product-compliance
Lightning Source LLC
Chambersburg PA
CBHW050248120526
44590CB00016B/2270